कभी के बाद अभी

[कविता-संग्रह]

कभी के बाद अभी

विनोद कुमार शुक्ल

राजकमल प्रकाशन

ISBN : 978-81-267-2212-9

मूल्य : ₹295

पहला संस्करण : 2012
तीसरा संस्करण : 2021

प्रकाशक : राजकमल प्रकाशन प्रा. लि.
1-बी, नेताजी सुभाष मार्ग, दरियागंज
नई दिल्ली-110 002

शाखाएँ : अशोक राजपथ, साइंस कॉलेज के सामने, पटना-800 006
पहली मंजिल, दरबारी बिल्डिंग, महात्मा गांधी मार्ग, प्रयागराज-211 001
36-ए, शेक्सपियर सरणी, कोलकाता-700 017

वेबसाइट : www.rajkamalprakashan.com
ई-मेल : info@rajkamalprakashan.com

मुद्रक : बी.के. ऑफसेट
नवीन शाहदरा, दिल्ली-110 032

KABHI KE BAAD ABHI
Poems by Vinod Kumar Shukla

शाश्वत, दीपा और टुप्पी के लिए

सन् साठ के वर्षों की काफी कविताएँ मेरे किसी भी संग्रह में आने से रह गईं। उस संग्रह का नाम 'कभी' है, जिसे प्रकाशित होना है। इतने बीते हुए को 'कभी' कहना ठीक लगता है। परन्तु, यह कविता संग्रह 'कभी के बाद अभी' है। इसमें वर्ष 2000 से अब तक की कविताएँ हैं। दस-ग्यारह वर्षों बाद संग्रह का निकलना कभी के बाद अभी जैसा हो सकता है, पर कविताएँ प्रकाशित होती रही हैं। ये प्रकाशित कविताएँ हैं, कुछ-एक को छोड़कर। कविताओं को संग्रह के लिए ढूँढ़ना कठिन काम है पर संग्रह में कविताओं का आ जाना उनका सुरक्षित हो जाना होता है, पाठकों के हाथों में अधिक सुरक्षित।

एक अच्छी घटना
तुम घटने पर रहना
बल्कि घट जाना
बार-बार घट जाना।

प्रत्येक मनुष्य का जीवन
हर क्षण अच्छा मुहूर्त है
सुख की घटना के लिए।

अनुक्रम

जीवन को मैंने पाया

जीवन को मैंने पाया
इसे भूला नहीं
और मर कर खोना भी नहीं चाहा
कि अच्छे से एक दिन रहूँ
तब तक अमर रहूँ।

जिन्होंने शत्रुता निभाई
मैं उनके साथ अमर रहूँ
कि एक दिन मित्रता निभायेंगे।

अपनी मित्रता बढ़ाकर
संसार भर को मित्र बना लूँ
तब तक अमर रहूँ।

तमाम दुखों के साथ
अमर रहूँ
कि एक दिन आयेगा
जब कोई दुखी नहीं होगा
और उनमें एक मैं रहूँगा।

बोलने में कम से कम बोलूँ

बोलने में कम से कम बोलूँ
कभी बोलूँ, अधिकतम न बोलूँ
इतना कम कि किसी दिन एक बात
बार-बार बोलूँ
जैसे कोयल की बार-बार की कूक फिर चुप।

मेरे अधिकतम चुप को सब जान लें
जो कहा नहीं गया, सब कह दिया गया का चुप।
पहाड़, आकाश, सूर्य, चन्द्रमा के बरक्स
एक छोटा सा टिमटिमाता
मेरा भी शाश्वत छोटा सा चुप।

गलत पर घात लगाकर हमला करने के सन्नाटे में
मेरा एक चुप–
चलने के पहले एक बन्दूक का चुप
और बन्दूक जो कभी नहीं चली
इतनी शान्ति का
हमेशा की मेरी उम्मीद का चुप।

बरगद के विशाल एकान्त के नीचे
सम्हाल कर रखा हुआ
जलते दीये का चुप।

भीड़ के हल्ले में
कुचलने से बचा यह मेरा चुप,
अपनों के जुलूस में बोलूँ
कि बोलने को सम्हाल कर रखूँ का चुप।

जो जगह तय हुई

जो जगह तय हुई
उसी जगह मैं हूँ
और हमेशा से
आने-जाने वालों को
तक रहा हूँ
यह वही जगह है
जहाँ हम इकट्ठे होंगे
वैसे किसी भी जगह
हम इकट्ठे हो सकते हैं
और सभी जगह इकट्ठे हो सकते हैं
चाहे कहीं भी मिलें
हम इकट्ठे होने की जगह पर मिलते हैं।

लोगों और जगहों में

लोगों और जगहों में
मैं छूटता रहा
कभी थोड़ा कभी बहुत
और छूटा रह कर
रहा आता रहा।

मैं हृदय में जैसे
अपनी ही अन्दरूनी जेब में
एक इकाई सा मनुष्य
झुकने से जैसे जेब से
सिक्का गिर जाता है
हृदय से मनुष्यता गिर जाती है।

सिर उठा कर
मैं बहु जातीय नहीं
सब जातीय
बहु संख्यक नहीं
सब संख्यक होकर
एक मनुष्य खर्च होना चाहता हूँ
एक मुश्त।

दंगे के दिन जब लोग

दंगे के दिन जब लोग
डरे हुए
दरवाजा बन्द कर
घरों में दुबके हैं
मैं शहर घूमना चाहता हूँ
दिखने में मैं
न हिन्दू दिखता हूँ
न मुसलमान दिखता हूँ–
किसी मुसलमान के हाथों मरूँ
तो मुझे हिन्दू न समझना
मुसलमान समझना
अगर हिन्दू के हाथों मरूँ
तो मुझे मुसलमान न समझना
हिन्दू समझना।

अगर रोज कर्फ्यू के दिन हों

अगर रोज कर्फ्यू के दिन हों
तो कोई अपनी मौत नहीं मरेगा
कोई किसी को मार देगा
पर मैं स्वाभाविक मौत मरने तक
जिन्दा रहना चाहता हूँ
दूसरों के मारने तक नहीं
और रोज की तरह
अपना शहर
रोज घूमना चाहता हूँ।
शहर घूमना मेरी आदत है
ऐसी आदत कि कर्फ्यू के दिन भी
किसी तरह दरवाजे खटखटा कर
सबके हालचाल पूछूँ
हो सकता है हत्यारे का
दरवाजा भी खटखटाऊँ
अगर वह हिन्दू हुआ
तो अपनी जान
हिन्दू कह कर न बचाऊँ
मुसलमान कहूँ
अगर मुसलमान हुआ
तो अपनी जान
मुसलमान कह कर न बचाऊँ
हिन्दू कहूँ

हो सकता है इसके बाद भी
मेरी जान बच जाये
तो मैं दूसरों के मारने तक नहीं
अपने मरने तक जिन्दा रहूँ।

गुजराती मुझे नहीं आती

गुजराती मुझे नहीं आती
परन्तु जानता हूँ
कि गुजराती मुझे आती है–
वह हत्या कर के भाग रहा है
यह एक गुजराती वाक्य है।
दया करो, मुझे मत मारो
मेरे छोटे-छोटे बच्चे हैं
अभी लड़की का ब्याह करना है
ब्याह के लिए बची लड़की
बलात्कार से मर गई–
ये सब गुजराती के वाक्य हैं।

'गुजारिश' एक गुजराती शब्द है।

जब पिता मार डाला गया

जब पिता मार डाला गया
तब पिता की गोद में जाने को लालायित
बच्चा भी
माँ भी मारी गई
जब बच्चे को पिता की गोद में दे रही होगी
कि वह भाजी काट ले
बच्चे को धोखे से चाकू लग जाता तो–
तभी चाकू से सब मारे गये
कि भाजी की तरह काटे गये लोग–
यह जो कहा गया गुजराती में कहा जाता।

छत्तीसगढ़ी में कहने से मुझे डर लगता है
परन्तु राष्ट्रभाषा में कहा गया।

अब इस उम्र में हूँ

अब इस उम्र में हूँ
कि कोई शिशु जन्म लेता है
तो वह मेरी नातिनों से भी
छोटा होता है।

जन्म के संसार में कोलाहल है–
किसी ने सबेरा हुआ कहा तो
लड़का हुआ सुनाई दिया,
सुबह हुई चिल्ला कर कहा तो
लड़की हुई की खुशी लगती है।

मेरी बेटी की दो बेटियाँ हैं
सबसे छोटी नातिन जाग गई
जागते ही उसने सुबह को
गुड़िया की तरह उठाया
बड़ी नातिन जागेगी तो
दिन को उठा लेगी।

सुनो! हम थोड़े लोगों से बात करते हैं

सुनो! हम थोड़े लोगों से बात करते हैं
बहुत थोड़े
और गिने-चुनों को सुनते हैं
जबकि बाकी सभी बकाया लोग।

कितना हल्ला है
और उतना ही अनसुना, अनदेखा
कुछ दिखता नहीं
हमेशा के दृश्य से पहले आवाज चली जाती है
फिर उजाला चला जाता है।

इस हमेशा से कुछ दूसरे हमेशा के लिए
थोड़े ज्यादा लोगों से बात कर लेना चाहता हूँ
थोड़े ज्यादा लोगों को देख लेना-सुनना
परिचितों, रिश्तों, धर्म, जातियों से
छिटक कर एक मनुष्य की तरह
बकाया शेष मैं
बकायों से जुड़ जाना।

जो प्रकृति के सबसे निकट हैं

जो प्रकृति के सबसे निकट हैं
जंगल उनका है
आदिवासी जंगल के सबसे निकट हैं
इसलिए जंगल उनका है
अब उनके बेदखल होने का समय है
यह वही समय है
जब आकाश से पहले
एक तारा बेदखल होगा
जब पेड़ से
पक्षी बेदखल होगा
आकाश से चाँदनी बेदखल होगी
जब जंगल से आदिवासी बेदखल होंगे।

अभी तक बारिश नहीं हुई

अभी तक बारिश नहीं हुई
ओह! घर के सामने का पेड़ कट गया
कहीं यही कारण तो नहीं।

बगुले झुंड में लौटते हुए
सन्ध्या के आकाश में
बहुत दिनों से नहीं दिखे
एक बगुला भी नहीं दिखा
बचे हुए समीप के तालाब का
थोड़ा सा जल भी सूख गया
यही कारण तो नहीं।

जुलाई हो गई
पानी अभी तक नहीं गिरा
पिछली जुलाई में
जंगल जितने बचे थे
अब उतने नहीं बचे
यही कारण तो नहीं।

आदिवासी! पेड़ तुम्हें छोड़ कर नहीं गये
और तुम भी जंगल छोड़ कर खुद नहीं गये
शहर के फुटपाथों पर अधनंगे, बच्चे-परिवार
के साथ जाते दिखे

अपना जंगल नहीं इस साल
कहीं यही कारण तो नहीं।

इस साल का भी अन्त हो गया
परन्तु परिवार के झुंड में अबकी बार
छोटे-छोटे बच्चे नहीं दिखे
कहीं यह आदिवासियों के अन्त होने का
सिलसिला तो नहीं।

शहर से सोचता हूँ

शहर से सोचता हूँ
कि जंगल क्या मेरी सोच से भी कट रहा है
जंगल में जंगल नहीं होंगे
तो कहाँ होंगे?
शहर की सड़कों के किनारे के पेड़ों में होंगे।

रात को सड़क के पेड़ों के नीचे
सोते हुए आदिवासी परिवार के सपने मे
एक सल्फी का पेड़
और बस्तर की मैना आती है
पर नींद में स्वप्न देखने की
उनकी आँखें फूट गई हैं।

परिवार का एक बूढ़ा है
वह अभी तक देख सुन लेता है
पर स्वप्न देखते हुए आज
स्वप्न की एक सूखी टहनी से
उसकी आँख भी फूट गई।

जितने सभ्य होते हैं

जितने सभ्य होते हैं
उतने अस्वाभाविक।

आदिवासी जो स्वाभाविक हैं
उन्हें हमारी तरह सभ्य होना है
हमारी तरह अस्वाभाविक।

जंगल का चन्द्रमा
असभ्य चन्द्रमा है
इस बार पूर्णिमा के उजाले में
आदिवासी खुले में इकट्ठे होने से
डरे हुए हैं
और पेड़ों के अँधेरे में दुबके
विलाप कर रहे हैं
क्योंकि एक हत्यारा शहर
बिजली की रोशनी से
जगमगाता हुआ
सभ्यता के मंच पर बसा हुआ है।

रातों में भी जंगल में

रातों में भी जंगल में
जानवरों की आहट नहीं होती
आदमी की आहट होती है
जंगल से जानवर चले गये
वहाँ से जानवर होने का
अनुषंग भी चला गया
अगर आहट हुई तो लगता है
कोई आदिवासी वहाँ जान बचाने छुपा है
या आदमी की जान लेने
दूसरा आदमी छुपा है
जानवरों के नाम पर
एक जंगली खरगोश भी नहीं दिखेगा
आहट होते ही वहाँ टार्च की
तेज रोशनी पड़ जाये तो
खरगोश के बदले
एक आदिवासी नग्न बच्चा दिखेगा
जैसे जान बचाने प्रायः
खरगोश गायब होता है
वह भी गायब हो जायेगा।

एक नीलगाय भी नहीं दिखेगी
बदले में हो सकता है

पीठ पर बच्चा बाँधे
एक आदिवासी औरत दिख जाये

वह भी भागकर ऐसे अदृश्य होगी
जैसे नहीं दिखी
और उम्मीद में कभी नहीं दिखेगी
गहरी रात होते-होते
इतना सन्नाटा हो जायेगा
कि तारे अपने दिख जाने के डर से
एक भी नहीं दिखेंगे।

हो सकता है अँधेरे घने जंगल में अन्दर
कुछ दूर
जानवरों की चमकती आँखें दिखें
तो उन्हें गाँव छोड़कर भागे हुए आदिवासी समझना
जो थककर बीड़ी पीते हुए
सुस्ता रहे होंगे।

खड़-खड़ की धीमी आवाज वहाँ सुनाई देगी
जहाँ बाहरी कोई नहीं पहुँच सकता
लगेगा गौर-जंगली भैंसों का झुंड है
पर वे उनके सींग लगाये आदिवासी होंगे
चुपचाप नाचते रहने के लिए
इकट्ठे हो रहे होंगे
खड़-खड़ की आवाज
वेशभूषा की होगी
जब वे नाचेंगे तो पैरों से दबकर
पत्तों के चरमराने की आवाज भी नहीं होगी।

हो सकता है
दस-बीस लड़के और लड़कियों का झुंड
जोड़ों में भागता हुआ दिख जाये
तो समझना किसी सर्कस के सिखाये हाथी ने
बस्तर के घोटुलों को नष्ट करना
शुरू कर दिया है
उस हाथी को जंगली हाथी मत समझना
चाहो तो लड़के और लड़कियों के झुंड को
हिरन और हिरनियों का
झुंड समझ लेना।

आदिवासी आदमी

जंगल का आदिवासी
दूसरे आदमी की तरह
सब तरफ दिखने लगा है
सब आदमी की तरह
एक जगह से बाहर सब जगह
भूखा सब लोगों की तरह
पर आदमी से बदतर
आदिवासियों की तरह

जहाँ वह रहता है
वह कहीं भी
कि कोई जगह नहीं
एक आदिवासी
कहीं आदिवासी नहीं
यही कि वह जा रहा आदिवासी
किसी एक पेड़ के नीचे जाकर खड़ा हुआ
बहुत दूर चलते-चलते मिले
दूसरे पेड़ के नीचे
थककर बैठ गया
उससे भी दूर कई रात हो जाने तक जाकर
पेड़ के नीचे लेटने को तीसरा पेड़
उसके लिए इस दुनियाँ में कहीं नहीं रहा।

अपने को बचाने

अपने को बचाने के लिए
खुद को मार डालने
हथियार उठाना पड़ता है–
दुःख की ऐसी स्थिति
कि आत्महत्या के लिए
हथियार उठाना पड़े
तब दुःख देने वाले के लिए
हथियार उठाना
कितना गलत होगा
इसको मैं जान लेना चाहता हूँ
इसका मतलब सीधा है
मैं जान लेना नहीं
जान बचाना चाहता हूँ
यह आदिवासी सच है।

नींद बहुत थकने के बाद

नींद बहुत थकने के बाद
जगे रहने की ताकत का समाप्त होना है
और मृत्यु स्वप्न देखने की ताकत का–
इस तरह किसी भी बात को
ताकत से जोड़ कर देखने लगा हूँ
कि घर में रहने की ताकत जब समाप्त हो जाती
तो बाहर निकल जाता
बाहर रहने की ताकत समाप्त होने पर
लौट आता
कभी लगता कि और रुक जाता
पर एक मिनट की ताकत
बाहर रहने की तब नहीं बचती।
जब कुछ अच्छा लगता है
तब ताकत को टटोलने पर उजाड़ में
कहीं एक फूल इतनी थोड़ी ताकत
बची होती
इस उम्मीद की ताकत को बचाये रखने
गहरी गहरी साँस लेता हूँ
और मोगरे के फूल को याद करता हूँ
कि कैलेंडर में बगीचे का बचा हुआ मेरा दिन
मुझसे सुनसान रहता है
पर उम्मीद की बची थोड़ी ताकत से

वहाँ छोटे-छोटे बच्चों की
बड़ी भीड़ दिखती।

किसी से सहारा लेने की ताकत
बिलकुल नहीं बची
यह ताकत पहले भी नहीं थी
दुःख कह देने की थोड़ी सी ताकत है
कोई नहीं आने वाला के इस
इन्तजार की ताकत नहीं
अकेले रहने की ताकत बची है।

तुम्हारे जन्म के ठीक बाद

तुम्हारे जन्म के ठीक बाद
लिखी यह कविता
तुम्हारे जन्म के साथ की है
और जुड़वाँ है
परन्तु तुम बड़े हो
मनुष्य का जन्म बड़ा है
किसी भी कविता के जन्म से
और यद्यपि कविता मनुष्य को बड़ा बनाती है
और तुमको बड़ा होते देखने की यही कविता है
और इसीलिए कल ही जन्मे हो
और अभी से एक वर्ष बड़ा होने के इन्तजार में
सत्तर का हो रहा हूँ चिरंजीव
तुम्हारी बसकठ के धागे में
दूब और हल्दी की पहली गाँठ
देखने की जल्दी है
और यह वर्षों की गाँठ
इतनी लम्बी हो चिरंजीव
यह मैं अन्तस के कह रहा हूँ
कि तुम्हारे पीछे दौड़ते-दौड़ते
यह समय थक जायेगा।

आते जाते लोगों से भी

आते जाते लोगों से भी
कभी पूछने का मन होता है
आ रहे हैं! कहाँ से?

मेरी चार साल की नातिन
बस्ता लटकाये स्कूल से आ रही है
मैंने उससे पूछा
'तुम स्कूल से आ रही हो?'
'हाँ'
'घर जा रही हो?'
'नहीं घर को आ रही हूँ'
एक छोटी बच्ची हमेशा आ रही होती है
उससे विदा होते समय मैंने कहा
'अच्छा, मैं आ रहा हूँ'।

कोई अधूरा पूरा नहीं होता-1

कोई अधूरा पूरा नहीं होता
और एक नया शुरू होकर
नया अधूरा छूट जाता
शुरू से इतने
कि गिने जाने पर
गिनती अधूरी छूट जाती

परन्तु,
इस असमाप्त-अधूरे से भरे जीवन को
पूरा माना जाये, अधूरा नहीं
कि जीवन को भरपूर जिया गया

इस भरपूर जीवन में
मृत्यु के ठीक पहले भी मैं
एक नयी कविता शुरू कर सकता हूँ
मृत्यु के बहुत पहले की कविता या
जीवन की अपनी पहली कविता की तरह।

किसी नये अधूरे को अन्तिम न माना जाये।

कोई अधूरा पूरा नहीं होता-2

कोई अधूरा पूरा नहीं होता
कि एक नया अधूरा छूट जाता है
बहुत पहले के अधूरे
शुरू से इतने सारे अधूरे
कि गिने जाने पर अधूरे छूट जाते

इस असमाप्त अधूरे से भरे जीवन को
कभी अधूरा न माना जाये
कि जीवन भरपूर जिया गया

जीवन के अँधेरे में
हर नया पल चिनगारी की तरह
जैसा उजाला रहा
और बीते हुए को राख में दबाकर
कि चिनगारी सहेजी रहेगी जैसा बीत गया

कागज पर लिखी एक पुड़िया-कविता ही
शायद उस राख की भभूत हो।

मुझे बिहारियों से प्रेम हो गया

मुझे बिहारियों से प्रेम हो गया
जहाँ जाता हूँ कोई न कोई मिल जाता है
उनकी बोली से पहिचान कर यही लगता
कि जिससे पिछली बार मिले थे
उससे ही मिल रहे हैं
इस तरह अनेकों बार जितनों से मिले
उसी से बार-बार मिले जैसा होता
यद्यपि दुबारा कभी नहीं मिलते
पर बिदा होते समय
फिर मिलेंगे जैसी औपचारिक आशा
हमेशा किसी दूसरे बिहारी के मिलने से पूरी होती।

बिहार के बाहर
एक बिहारी मुझे पूरा बिहार लगता
जब कोई पत्नी और बच्चे के साथ दिख जाता
तो खुशी से मैं उसे देशवासियो कह कर संबोधित करता
परन्तु यह महाराष्ट्रीय घटना है
कि कमाने खाने के लिए जहाँ बसे हैं
वहाँ से भगाये जाने पर
अपनी बोली भाषा को
गूँगे की तरह छुपाये
कि जान बचाना है
बचाओ किस भाषा में चिल्लाना है

एक भाषा में बचाओ
दूसरे प्रदेश की भाषा में
जान से मारे जाने का
कारण बन जाता हो
पकड़े गये जन्म से गूँगे का न बोल पाना
उसका जबान न खोलना बन जाता हो
और भीड़ को तब तक उसे पीटना है
जब तक उसकी बोली का पता न चले
तब बोली भाषा के झगड़े में
एक गूँगे का मरना भी निश्चित है
ऐसे में भाग रहे के लिए
भागते-भागते देश की सीमा की घेरा बन्दी
कहाँ जायें जैसे बन्दी
अन्त में क्या बिहार
बिहार में बन्दी
उत्तरप्रदेश उत्तरप्रदेश में
प्रान्त नहीं कैद खाने हैं
तिस पर नया राज्य जब बनता
तो देश के स्वतंत्र होने जैसी खुशी
लोगों को वहाँ होती।

नागरिको, देशवसियो कह कर किसे पुकारूँ
वह कौन है और कहाँ रहता है।
इस कहीं नहीं रहने में मैं भी
कहीं नहीं रहने का न तो कोई मुहल्ला है
और न कोई पता
मेरा स्थायी पता मुझसे खो गया है
मेरा पता कमाने-खाने के लिए भागते
एक-एक लोगों के पीछे चला गया
जिनमें जमाने भर के छत्तीसगढ़िया भी शामिल हैं।

जहाँ रहते हुए पीढ़ियाँ बीतीं
वह छत्तीसगढ़ मध्यप्रदेश का छत्तीसगढ़ था
नये बने छत्तीसगढ़ राज्य में
जैसे बाहरी हो गया
यहीं रहे आने का मेरा पुश्तैनी घर
कहाँ चला गया?
अपने घर का पता पूछने
पड़ोस के दरवाजे को खटखटाता हूँ।

हुमा मन्दिर के सामने

हुमा मन्दिर के सामने
चट्टानी रास्तों से बहती
महानदी के घाट में
मछलियों को चुगाने के लिए
दोने में रखा हुआ दाना
एक लड़का जल में डाल रहा होता है
कि अचानक छोटी-बड़ी मछलियों का झुंड
जल में प्रगट होता है
एक बड़ी मछली उछल कर
दोना उछाल देती है
जल में तेज हलचल होती है
और मछलियाँ अदृश्य हो जाती हैं–

कुछ इसी तरह होता
कोई बस बता ही रहा होता
कि बोरों में रखा हुआ अन्न वहाँ है
हलचल होती
एक झुंड प्रगट होता
और बोरों को उठा लिया जाता–
भूखे को अन्न देने एक ईश्वर नहीं
मनुष्य का झुंड प्रगट होगा।

जन्म के साथ एक न एक दिन मृत्यु

जन्म के साथ एक न एक दिन मृत्यु–
एक जुड़वा जन्म है।
मैं जन्मजात मृत्यु लिये फिरता हूँ।
जितने दिन जीवित रहूँगा
अपनी मृत्यु को बचा कर रखूँगा।
परन्तु मृत्यु के बाद
गुल्लक में कहीं जीवन जमा रहता है।

गुल्लकों का खजांची बना फिरता हूँ
उनके भी गुल्लक का।

नींद आ रही है

नींद आ रही है
आ ही जायेगी ऐसे आ रही है
बहुत से डरावने सपनों से
पीछा छुड़ाते छुपते-छुपाते
नींद आ रही है
इसी कोशिश में
बायें करवट से दाहिने होकर
कभी सिरहाना बदल
पैर की तरफ सिर
और सिर के नीचे हथेली रख
नींद को गम्भीरता से सोचता
तो सिर के भार से हाथ दुखता है
हाथ हटाता हूँ तो
सिर ढुलकने को होता
तब निश्चेष्ट मृतपाय बन
अपने ऊपर खीजता
कि तू नहीं तो मौत आ रही है
माथे से होकर पसीने की बूँद
जो गर्दन पर उतरती है
रक्त की बूँद बहने का मुझे आभास देती है।

पता नहीं दुनियाँ के
किस कोने से आ रही है

बेचैनी में गहरी-गहरी साँस लेता हूँ–
साँसों में बसी नींद आ रही है
गहरी साँस लेने से
क्या साँस जल्दी खतम होती है–
अपनी साँस का गुल्लक बना मैं
रुक कर साँस लेता
कि दम घुटता रहे तो साँस
गुल्लक में ज्यादा दिन जमा रहे।
मृत्यु, साँस खतम होने के बाद
आती है तो आती रहे
अम्मा की थपकी दे कर सुलाने की याद नहीं
उस याद नहीं की याद
नींद की तरह आती है
जन्म के बाद की पहली नींद में
नींद का स्वप्न होगा
स्वप्नों के एलबम से
एक दिन की उम्र का स्वप्न
देखना चाहता हूँ।

अनहोनी सी नींद आ रही है
सचमुच जैसे झूठमूठ बहलाने
कि इतने दिनों बाद
सो जाने से
कल सुबह उठते ही
दुनियाँ बदल कर
बेहतर हो जायेगी–
तभी सड़क पर मोटर–
साइकिल के हार्न की आवाज
केवल मुझे सुनाई दे
निशाना कर

मेरी छाती को चीर
दीवाल से जा टकराई
कुछ नींद मर गई
अधूरा मैं मर गया
यह कैसा हार्न
क्या नींद इतनी बेसुध
आँख बन्द किये
सोई हुई आ रही थी
या जागी हुई आ रही थी।
रात बहुत हो गई
सड़क पर अभी तक भीड़
पर भीड़ बदल गई
दिन की भीड़ दूसरी थी
अभी जो डरा हुआ आदमी दिख रहा है
भला आदमी है
कल सड़क के किनारे उसकी लाश दिखेगी
डरे हुए आदमियों की संख्या तब और बढ़ेगी।

नींद कहाँ गई
भीड़ से निकल इधर कभी उधर
अब पुरानी बस्ती की पतली गली के
बदबूदार सन्नाटे से आ रही है
और मेरे अन्तर के सायरन की आवाज से डरकर
चोरी-चोरी आ रही है
जैसे अपराध कर रही है
कि जागते हुए के पास
क्यों आ रही है।

दूर की जागते रहो की आवाज
आती हुई नींद का पीछा कर रही

आगे की और बीती जिन्दगी भी
मेरे पीछे लगी कि भागो
बची जिन्दगी मुझसे दूर चली कि रुको
पीछा करने वालों की ऐसी भीड़ बढ़ी कि पकड़ो।

अँधेरी-अँधेरी गलियों से
भागते-भागते
अचानक रोशनी-रोशनी से जगमगाती चौड़ी सड़क पर
भारी ट्रकों, गाड़ियों के बीच
एक गरीब लड़की की तरह
इज्जत बचाने भागती-चिल्लाती नींद
किसी कैद से छूटी मगर
किसी चंगुल से बचकर नहीं
लुटकर आ रही है।

सब तरफ की पहरेदारी को
नींद आ रही है
कई दिनों से जागने की थकावट में
कितने जागते हुए लोगों से
मुँह छुपाकर
मुझ अकेले की तरफ
मुँह-अँधेरे सुबह-सुबह
क्यों आ रही है
मुझे शर्म आ रही है
कि मुझे नींद आ रही है।

बात केवल की

बात केवल की है
कि मैं केवल छत्तीसगढ़िया रहा
और कुछ नहीं।
जब मध्यप्रदेश में रहा
तो केवल मध्यप्रदेश में नहीं
और जब छत्तीसगढ़ में
तो केवल छत्तीसगढ़ में नहीं

अभी अकाल के कारण
छत्तीसगढ़ छोड़ कर जा रहे
किसी भी किसान से पूछूँगा
'भाई! बने-बने'
तो 'बने-बने' ही उसका जवाब होगा

अपने दुख की कथा को कहने-सुनने
और समाप्त करने का यही तरीका
केवल होगा।

जगह-जगह रुक रही थी गाड़ी

जगह-जगह रुक रही थी गाड़ी
बिलासपुर में समाप्त होने वाली
'छत्तीसगढ़ एक्सप्रेस' में सवार था।
अचानक गोदिया में
सभी यात्री उतर गये
और कलकत्ता तक जाने वाली
खड़ी दूसरी गाड़ी में चढ़ गये।
एक मुझसे भी अधिक बूढ़े यात्री ने
उतरते हुए कहा–
'तुम भी उतर जाओ,
अब अगले जनम पहुँचेगी यह गाड़ी'।

मुझे जल्दी नहीं थी
मैं गाड़ी में बैठा रहा
दो-चार स्टेशन बाद मुझे राजनाँदगाँव उतरना था
जहाँ मेरा जन्म हुआ था।

राजिम का यह आठवीं शताब्दी का

राजिम का यह आठवीं शताब्दी का
विष्णु मन्दिर है
गर्भ-गृह में विष्णु को सबने प्रणाम किया।

मन्दिर के मंडप में
दुर्गा की मूर्ति है
कठोर पत्थर की अत्यन्त सुन्दर मूर्ति
अन्दर से कोमल हो सम्भवतः।

सबने दुर्गा की प्रतिमा का
चरण-स्पर्श किया
कुछ ने माथा टेका
मैंने देखा
प्रतिमा के पैरों की उँगलियाँ
माथा टेकने और चरण स्पर्श से
घिस कर चिकनी और सपाट हो चुकी हैं
इसमें मन ही मन का चरण स्पर्श
और दूर का माथा टेकना भी शामिल है–
विष्णु की प्रतिमा को समीप से देख नहीं पाया।

राजिम का यह आठवीं शताब्दी का मन्दिर है

राजिम का यह आठवीं शताब्दी का मन्दिर है
गर्भ-गृह में विष्णु हैं
पट बन्द है।

मंडप में गरुण हैं
विष्णु कहीं जायेंगे की यह विष्णु की सतत मूर्ति है
इसलिए गरुण सतत पत्थर।

पट खुलता है
तब भी विष्णु कहीं नहीं जायेंगे की यह विष्णु मूर्ति
और इसलिए गरुण पत्थर
उनके खुले हुए फड़फड़ाये पंख पत्थर।

मैं बाहर खड़ा रहा

मैं बाहर खड़ा रहा
मन्दिर जाकर वह मूर्ति देखती है।

जब वह मन्दिर से बाहर आई
तब मैं इधर-उधर चला गया
फिर दिखा
'कहाँ चले गये थे?'
'कहीं नहीं।'
मन्दिर के बाहर उसके साथ रहा मैं।

मन्दिर के अन्दर
मूर्ति के साथ मूर्ति छूट गई।

छत्तीसगढ़ राज्य बनने के बाद

छत्तीसगढ़ राज्य बनने के बाद
भोपाल जाते हुए
यह नहीं लग रहा है
कि छत्तीसगढ़ से मध्यप्रदेश जा रहे हैं
संक्षिप्त में म.प्र.
कोष्ठक का (म.प्र.) भी नहीं।
भोपाल जाते हैं प्रान्त नहीं
और लौटकर आते हुए रायपुर
कि छत्तीसगढ़ राज्य नहीं।
भोपाल जाते समय मैं लिफाफे में बन्द
पता लिखा रजिस्टर्ड पत्र नहीं था
न लौटाये गये पोस्टकार्ड सा मैं रायपुर लौटा।

हर घर के गश्ती पत्र सा कहीं गया
हर घर के गश्ती पत्र सा कहीं लौट आया।

राजनीति के समुद्र में से निकल कर आया

राजनीति के समुद्र में से निकल कर आया,
समुद्री घोड़े की तरह
जो नक्शा है छत्तीसगढ़ राज्य का
यह शार्क या मगरमच्छ जैसा भी हो सकता था नक्शे में–
समुद्री घोड़े के पेट में लोग हैं
यह उतना ठीक नहीं लगता
जितना कि शार्क या मगरमच्छ के पेट में कहने से
जैसा कि है।
इसका नक्शा संयोग से
जंगली फूल हो जाता
या फूल की कली
पकते हुए भात की हंडी हो जाती घर-घर में
परन्तु उजाड़ जंगल, खेतों, गरीब-भूखों का यहाँ आदि दृश्य है
जैसा कि है।

हो सकता था की–
इस छोटी सी कथा में
एक पाठ्यक्रम है
कि हाथी पर बैठा
एक राजा है
और जय-जयकार करती
गरीब प्रजा
जो शुरू से है।

छत्तीसगढ़ का छत्तीस का समूह

छत्तीसगढ़ का छत्तीस का समूह
पता नहीं किस तरह है!
यह मिले-जुले होने का
पैंतीस के बाद का छत्तीस है
या 36 के आँकड़े का
एक नहीं की जोड़ी।
परन्तु 1 नवम्बर 2000 को
जब 36 गढ़ राज्य बना
तब मैं 63 वर्ष का छत्तीसगढ़ी हुआ
36 के विपरीत के आँकड़े में 63 का–
अपनी ही आड़ से निकल
अपनी तरफ घूमा हुआ सम्मुख
सयाना या जवाबदेह।

लौट कर एक जन आया

लौट कर एक जन आया
इसे दुहराता हूँ–
लउटकर एक झन आइस
बिलासपुर से गे रिहिन
बाकी झन माई-पिला समेत
मार डाले गये
कमाने गये थे जम्मू-कश्मीर
और जो बच कर आया है वो
कमाने फिर जा रहा है वहीं।

वह चला गया
इसे दुहराता हूँ
ओह चल दिस।

एक प्रकृति दक्षिण कोसल थी

एक प्रकृति दक्षिण कोसल थी
बल्कि सभी कौशल से इस दक्षिण में
कि प्राकृतिक छत्तीसगढ़
जिसमें एक गढ़ सूर्य
एक गढ़ जंगल
मुरमी मैदान,
एक गढ़ बिखरे-पहाड़, डोंगरी
एक गढ़ नदी, महानदी
कोयला, हीरा, सोने का खनिज
एक गढ़ धान।

बहुत संक्षिप्त है इतिहास
बीतने वाले भविष्य के साथ
भाग्य रेखा नहीं है यह पगडंडी
जिस पर एक ग्रामीण परिवार
सब कुछ पीछे छोड़
गृहस्थी समेटे कमाने चला जा रहा है–
कि राज्य आला पण छत्तीगढ़ गेला।

छत्तीसगढ़ी में वह झूठ बोल रहा है

छत्तीसगढ़ी में वह झूठ बोल रहा है
कि अब अच्छे दिन आयेंगे।
सुन कर सभी भूखे, प्यासे
औरतें, छोटे-छोटे बच्चे, बूढ़े लोग
बहुत बुरे दिनों को लादे
अपने काले भविष्य के दूर कोनों में
लौट जाते हैं–
जबकि आगे एक पल भी जीना कठिन
परन्तु छत्तीसगढ़ी में बोले
एक अच्छे दिन के जीवन की आस में।

परन्तु ऐसा शुरू से रहा
कि छत्तीसगढ़ी में भी सच बोला जाता रहा
किसी भी बोली में बोल सकने का सचमुच
जैसे बस्तर की मैना का
बस्तर के जंगल में
अपनी बोली में बोलने का।

यहाँ एक टूरी के
प्रेम को अभिव्यक्त करने के चुपचाप में
हवा की सरसराहट को सुनना
महुआ के फूल टपकने की बोली में
टप को सुनना

सूर्योदय की बोली में
चिड़ियों की चहचहाहट को सुनना
और सूर्यास्त की बोली में
चिड़ियों को लौटते हुए देखने की
छत्तीसगढ़ी को सुनता हूँ
तो चिड़ियों की चहचहाहट को समझता हूँ।
यहाँ कातर हो कर
'झनजा' के किसी के रोकने से
पूरे जगत से बिछुड़ना रुक जाता है
ऐसा सोच सकता हूँ।

दरअसल बचपन का चिन्हारा हुआ
नाँदगाँव का यह सूर्योदय
दिल्ली में भी हो तो
नाँदगाँव का सूर्योदय लगता है
पर सूर्योदय होते ही
कुंदरा पारा की किसी झोपड़ी से
'खायेबर' माँगने के कारण
पीड़ा और दुख से, पिटती भूखी बच्ची का
अचानक जोर के चीखने से
संसार की बोलियों के हुए तब सन्नाटे में
लाउड स्पीकर से
छत्तीसगढ़ी में वह झूठ बोल रहा है–
लबारी बोलत हे।

एक लिखी जाने वाली ददरिया

एक लिखी जाने वाली ददरिया का
दृश्य में अनुवाद है
जैसे ददरिया में
एक वाक्य के नीचे
दूसरा वाक्य है
बिलकुल उसी तरह
तालाब के पार पर लगे
आमा के रुख के दृश्य के नीचे
एक टूरी उदास बैठी है का दृश्य है

तल में बचे तालाब का स्थिर जल
पत्ती नहीं हिलती
हवा स्थिर
मछली भी डुबुक नहीं उछलती का सन्नाटा
जिसमें 'आजा राजा' एक चिरई बोलती
'आजा संगवारी' दूसरी चिरई और चुप होती।
संगवारी के दिख जाने को देखने
अभी एकटक का स्थिर दृश्य है
उसके दिख जाने पर सब जगह खुशी तैरने के पहले
तालाब में मछली तैरती
या सुनहरा पका एक आम टपकता
या आम के टपकने के पहले
आम टपकने की आवाज पहले हो जाती

और आम बाद में टपकता।
संगवारी के दिख जाने के एकटक दृश्य में
एक काली तितली
टूरी के आँगन में लगे
नीबू के पेड़ की
एक नई कोंपल पत्ती में अंडे देती है।
चार लड़कियाँ एक-एक के घर जाकर
एकटक दृश्य के पहले इकट्ठी होती हैं
और किसी सूने घर के पिछवाड़े की
दीवाल से पीठ टिकाये
देर तक बात करतीं
उनको भूख नहीं लगती
रास्ता देखने दूर तक
चार बार चली जातीं।

आमा के रुख से
एक आम आँसू सा टपकता
पार के ऊपर से लुढ़कता
जैसे गाल पर ढुलकता है
परन्तु टूरी अपने आँसू से
तालाब भरने को बैठी है।

सन्ध्या का समय
एक मितान बदी सखी सा समय होता
कि घर लौटने में सन्ध्या का
रोज की तरह साथ हो जाता–
दबे पाँव घर लौटने पर भी
पैरपट्टी की आकाश तक गूँज होती
और गूँज की पैरपट्टी से टूटा
घुँघरू सा एक तारा दिखता

घर पहुँचते तक सभी घुँघरू टूटकर
बिखरे तारे से घर के रास्ते के ऊपर के आकाश
में होते घर के अन्दर इतने दबे पाँव
तब तक सन्ध्या चली जाती।

रोज की रात में
रात का सहारा
सहेली की तरह होता
खटिया पर लेटे-लेटे दोनों जागतीं
तब रोते-रोते टूरी कहती–
सूखा पड़गे कहिके कमाये बर गे
मोर आँखी के बरसात से
धोखा खात नई हे।

जब मैं तुम्हारा नाम पुकारता हूँ

जब मैं तुम्हारा नाम पुकारता हूँ
तब मैंने इतनी बार तुम्हें पुकारा
कि मैना की बोली
तुम्हारा नाम पुकारने की बोली है
देवभोग की धरती ने
इसे गिन-गिन कर सुना
हीरों की तरह समेटा
और अपने खदानों में जमा किया
वहाँ से एक हीरा मैंने उठाया।
धरती पर भटकते-भटकते
रात में जहाँ सोया
नींद में तुम्हारा स्वप्न सुनहरा देखा
वहाँ सोनखान हुआ
एक मुट्ठी सोना मैंने उठाया
सब लेकर कोतवाली के पास सदर बाजार में
जेवर की दुकान से तुम्हारे लिए
एक मुँदरी बनवाई
तब वो हा मोला ठग दिस
हीरा और मुट्ठी भर सोना के बदले
गिल्लट की अंगूठी बनाकर दी
जिसमें काँच जड़ा है।
मैं तुम्हें पुकारता भटकता हूँ
धरती उसे सुनकर

हीरे के खदानों में समेट लेती है
मेरी नींद के सुनहरे स्वप्नों को
सोने के खदानों में।

काँच से जड़ी गिल्लट की मुँदरी
मेरे पास है।

नजर लागी राजा

नजर लागी राजा काले चश्मे में
अब तू यह चश्मा उतार दे
मैं बहुत साँवली हूँ
काले चश्मे से मैं नहीं दिखूँगी।
राजा! चश्मा उतार दे
और नजर मिला ले
अपने साँवलेपन में मैं अच्छी दिखूँ
इसलिए मैं तेज धूप में खड़ी हूँ।
काले चश्मे की बदली ने तुम्हारी आँखों को
और मुझे और साँवला ढाँक दिया है
काला चश्मा उतार कर मुझे पूरा उघार दे
और मुझे नजर लगा दे।

सचमुच तू यह चश्मा उतार दे
मैं बहुत साँवली
अँधेरी रात में तुमसे मिलना चाहती हूँ
तेरे काले चश्मे से पूर्णिमा का गोरा चन्द्रमा भी
नहीं दिखता होगा
धूप का चश्मा लगाने वाले
चश्मा उतार दे
रात में कहीं धूप होती है?
मुझे और धूप को देखे हुए तुम्हें बहुत
दिन हो गये

मैं बहुत साँवली हूँ
काला चश्मा उतार कर केवल मुझे देखोगे
तो लगेगा तुमने काला चश्मा नहीं उतारा।

राजा! प्रेम का संसार बुझ गया
मेरी छाती चकमक पत्थर की तरह कठोर और गोल हैं
तुम्हारे हाथ भी चकमक पत्थर की तरह कठोर हैं
हाथों के आघात से जो चिनगारी पैदा होगी
उसी की यह बुझता संसार प्रतीक्षा कर रहा है
कि जल उठे
और प्रेम की अग्नि को पा सके
परन्तु राजा! मैंने तुम्हारे हृदय को पत्थर नहीं कहा।

राजा! तुम्हारा काला चश्मा मैं क्यों चुराऊँगी
क्या तुम इसे पहने सो रहे?
कई रातों की जागी
तुममें जो मेरा मन बसा है
तुम तक मुझे बुलाता है
चलते-चलते तुम्हारी दूरी से थकी
एक दिन तुम्हारे बिछौने पर
तुम्हारे साथ सो जाऊँगी
तुम चश्मा पहने सो रहे होगे
और मैं तुमको चश्मा सहित चुरा लूँगी।

राजा! तेरे काले चश्मे में मेरी नजर लगी
अपनी अनदेखी देह का क्या करूँ
मैं कैसे उजागर होऊँ
कि केवल तुम मुझे देख सको
या तो चश्मा उतार कर फेंक दो
धूप में खड़ी मैं कोयला

तुम्हारी देह की हवा को छू लेने से
चिनगारी परच
अंगार होकर दहक गई हूँ
देखो सूर्य बुझ गया है
और मैं सुलग रही हूँ।
चश्मा मत उतारो।

जो गरमी है वह मेरा ताप है
तुम अब चश्मा मत उतारना
मेरे ताप में बहुत तेज धूप
जैसे तुम्हारी धूप में
मेरी धूप निकली है।

राजा! काले चश्मे में मेरी नजर लगी है
पर तुम्हारी धूप और ताप को मैं नहीं सह पाऊँगी
तुम काला चश्मा मुझे दे दो
मैं शृंगार करूँगी
हँसुली, पैरी, मुँदरी पहनूँगी
स्नो-पाउडर लगाऊँगी
कीमती गहने की तरह काला चश्मा पहनकर
तुमको रिझा लूँगी।
तुम मेरे लिए मड़ई-मेले से
एक काला चश्मा खरीद देना
हम दोनों काला चश्मा लगाये मेला घूमेंगे
फोटो खिंचवायेंगे
परदे के हवाई जहाज के साथ
जिसमें दोनों काला चश्मा लगाये
सूरज तक उड़ेंगे।

यह कम दुख क्या होता है?

यह कम दुख क्या होता है?

सुनो! दो दिन बाद तुम्हें खाने को मिला होता
बहुत भूख लगी होती
पर आधी रोटी खाने को मिलती।

यह भी नहीं है कम दुख
अच्छा होता कि
दो दिन के बदले
तीन दिन भूखे रहने के बाद
आधी के बदले
एक रोटी खाने को मिलती।

नहीं यह भी नहीं है कम दुख
बल्कि पूरे तीन दिन भूखे रहने के बाद भी
आधी रोटी खाने को मिल जाती।

यह भी नहीं है कम दुख
तुमने पाँच दिन पहले
आधी रोटी खाई थी
और आज बस दूसरा दिन है।

कई बरस हो गये

कई बरस हो गये
रजा के बनाये चित्र को मैंने देखा था
यद्यपि चित्र मेरे पास नहीं है
पर उसका देखना मेरे पास है
मैंने उस देखने को
अपनी बसावट के असीम में टाँग दिया है
कि दृष्टि में रहे।
रेखा के फ्रेम के अन्दर
लाल सन्ध्या के रंग के समय के बाद की रात का अँधेरा
गोल बुझे सूर्य के काले वृत्त का एक काला बिन्दु है।
प्रत्येक रात मेरे लिए खग्रास सूर्य-ग्रहण छूटने का
कि सुबह हो रही है
जिसमें रंग से भरा
एक सूर्य वृत्त निकलता है
रजा का बनाया वृत्त।
इस तरह अपनी दिनचर्या में
रात और दिन को टाँग देता हूँ
और अपने को बुलाने
चित्र के सामने खड़ा होकर
आवाज देता हूँ।

यही कहा सुनाई देगा

यही कहा सुनाई देगा
कि मेरा चुप रहना
बोलने का ऐसा विरोध कभी नहीं रहा
कि मर तो नहीं गया।

चुप रहने को भी सुन लेना
जीवन की उम्मीद से
छाती से
कान लगाकर सुनना
कि धड़कन की आवाज
आती है या नहीं
आवाज जरूर आयेगी
यदि मेरे हृदय की नहीं
तो तुम्हारे हृदय की।

मृत्यु के बाद

मृत्यु के बाद
मेरा भविष्य क्या बचा रहेगा!

मृत्यु कभी भी हो
परन्तु अन्तिम साँस लेने के लिए
मेरे पास हमेशा समय रहेगा
कि खिड़की के पास लगे
पड़ोस के चम्पा के फूलों की सुगन्ध को
अन्तिम साँस में समेट लूँ।

बाहर झरे चम्पा के फूल को मैं उठा लेता हूँ
और एक अन्तिम नहीं साँस लेता हूँ।

मैं उनसे नहीं कहता जो निर्णय लेते हैं

मैं उनसे नहीं कहता जो निर्णय लेते हैं
क्योंकि वे निर्णय ले चुके होते हैं

उनसे कहना चाहता हूँ
कहा नहीं अभी तक
जिनके बारे में
मैं नहीं जानता
कि वे नहीं करेंगे
कहने के बाद मालूम होता
कि उन्होंने कुछ नहीं किया
जान लेने के बाद दुबारा क्यों कहता।

यह मैं भी कह देना चाहता हूँ
कि अपन लोगों को
एक दूसरे का साथ देना चाहिये।

मैं चिल्लाता नहीं पर
यदि बहुत से लोग उपस्थित हों
तो कविता को माइक की तरह सामने खींच कर
कहता हूँ।

यह दिन उम्र की रोजी है

यह दिन उम्र की रोजी है
एक सुबह हुई की तनखा मिली
और शाम हुई में खर्च हुई
अगले दिन का क्या पता
इस क्या पता दिन की भी सुबह हुई
यह उधारी हुई।

मित्रो दिनों के उधार को
मैं दूसरों के जीवन से
बहुत प्रेम कर चुका दूँगा
परन्तु हम सभी के
आजकल के दिनों की
यह लूट और हत्या की रपट है
कि मैं किसी भी दिन को
जैसे उन्नीस फरवरी 2003 के दिन को
कविता के रोजनामचे में दर्ज करता हूँ।

अपने अकेले होने को

अपने अकेले होने को
एक-एक अकेले के साथ रखने
अपने को हम लोग कहता हूँ।
कविता की अभिव्यक्ति के लिए
व्याकरण का अतिक्रमण करते
एक बिहारी की तरह कहता हूँ
कि हम लोग आता हूँ
इस कथन के साथ के लिए
छत्तीसगढ़ी में हमन आवत हन।

तुम हम लोग हो
वह भी हम लोग है।

धान के फूलते ही

धान के फूलते ही
धान की महक फैल गई
खेतों में अभी भी पानी भरा हुआ है
धान की जड़ों के पास
छोटी-छोटी मछलियाँ इस तरह घूमती फिरती हैं
जैसे धान की जड़ों की रक्षा करती हैं
खेत में किसान के पैर जहाँ धँसे थे
वहाँ पैर के निशान का गड्ढा है
इस गड्ढे के साफ पारदर्शी जल में
मछलियों का झुंड तैरता है
जैसे किसान के पैरों के निशान पर
पहरा देता है
हवा में धान के खेत
और जल-माटी की जो महक है
उस महक में मछली की भी महक
मछली की तरह तैरती है
दूर तक फैली इस महक ने
किसी मछवारे को आदतन ललचाया हो
कि वह जाल की महक हवा में फेंक कर
तैरती मछली की महक को फाँस ले–
इस हवा में
खेत की अच्छी फसल का बराबरी का असर है

कि किसान कन्धे पर हल लेकर आते जाते
हवा को भी जोत गया था
अब जो पकी धान
हवा में भी महक रही है।

घर को मानता हूँ

घर को मानता हूँ
इसलिए पड़ोस को

जब तक घर में हूँ
पड़ोस में सुरक्षित हूँ

पड़ोस को मानता हूँ
इसलिए घर को।

पहाड़ को बुलाने

पहाड़ को बुलाने
'आओ पहाड़' मैंने नहीं कहा
कहा 'पहाड़ मैं आ रहा हूँ'।

पहाड़ मुझे देखे
इसलिए उसके सामने खड़ा
उसे देख रहा हूँ।

पहाड़ को घर लाने
पहाड़ पर एक घर बनाऊँगा
रहने के लिए एक गुफा ढूँढूँगा
पितामह के आशीर्वाद की तरह
चट्टान की कठोर छाया रहेगी

कहूँगा यह हमारा पैतृक घर है।

अपने असीम में

अपने असीम में
पहले मैं बसा था
या मेरे अपने लोग!
अपनी बसावट में
मैं ईश्वर को ढूँढ़ता हूँ
तो वह पड़ोस में मिलता है।
एक पड़ोसी की तरह
मैं उसे पुकारता हूँ
वह सुन लेता है
नहीं सुनता तो लगता है
कि अभी घर पर नहीं।
फिर अभी के बाद पुकारता–
अभी के बाद कभी।
कभी नहीं पुकारता
तो वह आवाज देता है
क्या मैं नहीं?

अपनी बसावट में
ईश्वर को पुकारता हूँ
तो पड़ोसी सुनता है।
पड़ोसी को पुकारता हूँ
तो पड़ोसी सुनता।

अब कभी मिलना नहीं होगा ऐसा था

अब कभी मिलना नहीं होगा ऐसा था
और हम मिल गये
दो बार ऐसा हुआ
पहले पन्द्रह बरस बाद मिले
फिर उसके आठ बरस बाद।

जीवन इसी तरह का
जैसे स्थगित मृत्यु है
जो उसी तरह बिछुड़ा देती है
जैसे मृत्यु।

पाँच बरस बाद तीसरी बार यह हुआ
अबकी पड़ोस में वह रहने आई
उसे तब न मेरा पता था
न मुझे उसका।

थोड़ा सा शेष जीवन दोनों का
पड़ोस में साथ रहने का बचा था

पहले हम एक ही घर में रहते थे।

गेंद का पड़ोस

गेंद का पड़ोस–
उछाल आकाश की तरफ
किसी भी दिशा में
जा सकने के कारण
सभी दिशाएँ गेंद के पड़ोस में
धरती पड़ोस
और गेंद का घर
हमारा घर।

कितनी गेंदें पड़ोस में खो चुकी थीं
गेंद ढूँढ़ने हम
किसी के भी घर घुस जाते
घरों में जाना और खो जाना

हमने गेंद से सीखा।

पैदल अपने पड़ोस जा रहा हूँ

पैदल अपने पड़ोस जा रहा हूँ
इस तरह जाना क्या यात्रा नहीं है
बहुत दूर जाना ही यात्रा है
घर से निकला हूँ
अब पड़ोस जा रहा हूँ
दो कदम ही चला हूँ
घर से दूर
मैं यात्रा में–
तीर्थ-यात्रा में।

संसार छोड़ दूँगा के सन्दर्भ में

संसार छोड़ दूँगा के सन्दर्भ में
जीवन का उतना ही विस्तार रहेगा
कि पड़ोस छोड़ दूँगा,
मृत्यु से जो छूट जायेगा।

बच्चों से मैंने कहावत की तरह कहा
कि जब याद आये तो तारों के पड़ोस में
किसी भी एक तारे को ढूँढ़ कर मुझे देख लेना
और पीढ़ी-दर-पीढ़ी उस तारे को बता देना
कि मैंने पृथ्वी के पड़ोस को नहीं छोड़ा है।

पड़ोस की इच्छा को
मैं तारे के बीच सुरक्षित रख देता हूँ
जैसे अपने रहने को।

मेरा पता शुरू से नहीं बदला

मेरा पता शुरू से नहीं बदला
मेरे घर से लगा हुआ
उसका घर है
उसकी चिट्ठी मेरे पते पर आई
चिट्ठी लेकर मैंने डाकिये से कहा
चिट्ठी आप देंगे या मैं दे दूँ।

—पता आपका है इसलिए चिट्ठी आपको दी।
कहकर डाकिया
सभी पड़ोसियों को
उनके पते पर
चिट्ठियाँ देने चला गया।

मैंने चिट्ठी उसे दी
वह प्रसन्न था
कि चिट्ठी सही पते पर आई

वह पड़ोस में नया-नया था।

कहीं जाने का मन होता है

कहीं जाने का मन होता है
तो पक्षी की तरह
कि सन्ध्या तक लौट आयें–
एक पक्षी की तरह जाने की दूरी।

सान्ध्य दिनों में कहीं नहीं जाता
परन्तु प्राण पखेरू!

रहा शब्द को मैं रेखांकित कर रहा हूँ

रहा शब्द को मैं रेखांकित कर रहा हूँ
कि रहा।
मैं जा रहा हूँ–
जा रहा हूँ मैं भी कह रहा हूँ।

मैं सबके पड़ोस में आया
घर से पहले घर के पड़ोस में।
पड़ोसियों के घर के सामने से जा रहा हूँ
कि मैं रहा।

नहीं रहा मैं,
मैं रहा को रेखांकित नहीं करूँगा।

दूसरों के करीब हूँ

दूसरों के करीब हूँ
यह मुझे याद पड़ता है
दूसरे मेरे करीब हैं
इसे याद करता हूँ
परन्तु अब मैं किसी के पड़ोस में नहीं
अकेलापन यही है क्या
कि मैं स्वयं के पड़ोस में नहीं।

भूल-भुलइयाँ है लौटने का रास्ता
कभी लौट नहीं सकूँगा के इस
लौटने के रास्ते पर
केवल चल रहा हूँ
न आ रहा हूँ
न कहीं जा रहा हूँ–
ऐसा मैं चला गया।

आ रहा हूँ—कहता हुआ

आ रहा हूँ—कहता हुआ
वह पास से निकल गया
मैं कुछ कहता,
कि रुको एक मिनट
पर वह चला गया।

सोचता हूँ एक दिन
वह जब आयेगा
एक पहाड़ की तरह ठहर जायेगा
कहेगा—
अन्तिम बार लौटना
और पहाड़ की तरह रुक जाना, यही ठीक है।

पहाड़ के पड़ोस में
पहाड़ की शृंखला है

यह एक पहाड़ी गाँव है।

रहा

रहा
जीवन जितना रहा
घर से ज्यादा पड़ोस में रहा
इसके-उसके
इधर-उधर
कहाँ नहीं
सारी दुनिया के अलावा
ग्रहों-नक्षत्रों
और कुछ नहीं में

घर के कुछ देर में
पड़ोस के बहुत देर में रहा।

यहाँ सभी पड़ोसी थे

यहाँ सभी पड़ोसी थे
सभी लोग जो रह रहे थे
पड़ोस में रह रहे थे
और मैं इसे इतनी बार दुहराना चाहता हूँ
जितने लोग थे।

पूरी बसावट पड़ोस की
मैं जब भी लौटा
पहले पड़ोस में आया।

मैं एक -एक पड़ोसियों के घर होते हुए
इतना थका लौट रहा हूँ
कि मृत्यु पड़ोस में हो जाये
और पहले घर खबर पहुँचे
कि मैं पड़ोस में नहीं रहा।

यह पुश्तैनी क्या होता है?

सुनो!
वह एक लड़का सड़क पर
उस किसी से ऐसे बात कर रहा है
जैसे अपने पुश्तैनी घर में रहते हुए
किसी दूसरे पुश्तैनी पड़ोसी से बात कर रहा हो–
यद्यपि बारह-तेरह साल का है
परन्तु हजारों साल का पुश्तैनी मनुष्य भी
कि उसने दूसरे मनुष्य से बात की।

फिर वह एक पेड़ की छाया में जाकर बैठ गया
कि अपने बैठक के कमरे में आ गया हो
और उसे आवाज दी–आओ यहाँ बैठें!
दोनों बात करने लगे।

वे ऐसे बेघर हैं
जो इस संसार में रहते रहने के
पुश्तैनी घर-घुस्सू हैं।

चन्द्रमा पड़ोसी की तरह

चन्द्रमा पड़ोसी की तरह
खिड़की से बाहर मुझे दिखा
वह मुझे उसी तरह दिखता है
जैसे उसने मुझे पुकारा भी है
और मैंने नहीं सुना
चन्द्रमा के इस पुकारने के पहले को सुनकर
सभी तारे निकल आये थे
अन्तिम प्रकाश वर्ष दूर के भी
दरवाजा खोलने उठा
तो आँखों के सामने अँधेरा छा गया
मैंने दरवाजा खोला
मेरी आँखों के सामने
छाये अँधेरे में निकला था चन्द्रमा।

हम सब एक जगह एक साथ रहे होते

हम सब एक जगह एक साथ रहे होते
चूल्हे भी अलग नहीं होते घर के अन्दर
उसी घर में जहाँ बाबा, अजिया,
पिता, चाचा और बहन-भाई रहे
वही पड़ोस भी रहा होता
प्रकृति रहती है प्रकृति के पड़ोस में
घास के पड़ोस में घास
मिट्टी के पड़ोस में मिट्टी
हवा में आँधी, तूफान और
सुगन्ध से भरे झोंके रहते हैं
हवा कहीं टूटती नहीं
सारे संसार की हवा
बिना गाँठ के एक रहती है–
हमारी साँस के साथ।

बहुत रह लिया मैं घर में

बहुत रह लिया मैं घर में
अब पड़ोस में रह कर सुस्ताऊँगा
किसी दूर के पड़ोस में।
बहुत दूर के पड़ोस में
पत्नी, बेटा-बेटी आयें
बेटी के साथ उसकी दोनों बेटियाँ
दस दिन की नातिन को गोद में लूँ
और चार साल की नातिन के साथ
दिन भर खेलता रहूँ

पड़ोस में पूरा घर रहने लगे।

घर-बार छोड़ कर संन्यास नहीं लूँगा

घर-बार छोड़ कर संन्यास नहीं लूँगा
अपने सन्यास में
मैं और भी घरेलू रहूँगा
घर में घरेलू
और पड़ोस में भी।

एक अनजान बस्ती में
एक बच्चे ने मुझे देख कर बाबा कहा
वह अपनी माँ की गोद में था
उसकी माँ की आँखों में
खुशी की चमक थी
कि उसने मुझे बाबा कहा
एक न मालूम सगा।

मेरा दुख गया पड़ोस में

मेरा दुख गया पड़ोस में
पड़ोसी उसे बाहर निकालो
मेरा दुख मुझे सौंप दो
सब लौटा दो
मेरा दुख मेरा घर भूल गया।

चार पेड़ों की

चार पेड़ों की
एक दूसरे के पड़ोस की अमराई
पेड़ों में घोंसलों के पड़ोस में घोंसले
सुबह-सुबह पक्षी चहचहा रहे हैं
यह पड़ोसियों का सहगान है–
सरिया-सोहर की गवनई
पक्षी, पड़ोसी-पक्षी के साथ झुंड में उड़े
परन्तु मेरी नींद
एक पड़ोसी के नवजात शिशु के रुदन से खुली।

यह नवजात भी दिन
सूर्य दिन को गोद में लिये है
सूर्य से मैंने दिन को गोद में लिया।

जब बाढ़ आई

जब बाढ़ आई
तो टीले पर बसा यह घर भी
डूब जाने को
आस-पास का सब पड़ोस इस घर में
मैं इस घर को धाम कहता हूँ
और ईश्वर की प्रार्थना में नहीं
एक पड़ोसी की प्रार्थना में
अपनी बसावट में आस्तिक हूँ
कि किसी अन्तिम पड़ोस से भी
क्षितिज के पार से
एक पड़ोसी सबको उबारने
एक डोंगी लेकर चल पड़ा है।

इस टीले के ऊपर शिखर पर
मन्दिर की तरह
एक और पड़ोसी का घर है।

हो सकता है मरा न होऊँ

हो सकता है मरा न होऊँ
सब के समझने के बाद
जब धीरे से अपनी आँख खोलूँ
तो क्या दूसरे जनम जैसा मैं संसार को देखूँ
बुरे लोगों को तब भूल चुका होऊँगा
अच्छे लोग मुझे याद रहेंगे।
पहले भी यह संसार
आसपास-पड़ोस से याद रहा
और कोई एक चेहरा
मुझे याद दिला देता
कि मैंने संसार को नहीं छोड़ा।

थोड़े से में रह कर
थोड़े से को देख कर
थोड़े लोगों से मिलकर
थोड़े समय में पूरा समय
मेरा सब पड़ोस में रखा मिल जायेगा।

पहले भी चार-एक दिन के लिए
घर छोड़कर गया तो
कुछ काँसे-पीतल के बर्तन

एक चाँदी की अंगूठी, कुछ चिट्ठियाँ
एक टिन की पेटी में रखकर
पड़ोस में सुरक्षित छोड़ जाता था।

पक्षियों का झुंड उड़ा

पक्षियों का झुंड उड़ा–
सभी पक्षी,
सभी पड़ोस के पक्षियों के साथ।

आकाश पक्षियों की उड़ान से पछाड़ा हुआ
औंधा है
चलते-चलते सिर उठा कर देखा
कि मेरे चलते रहने का पड़ोसी
पक्षियों की उड़ान है
घर में रहते रहने का पड़ोसी
बरामदे का घोंसला।

हम समझते थे

हम समझते थे बुढ़िया टोनही है
उसके घर कोई बच्चा जाता नहीं था
घर की देहरी पर बैठे वह
हम बच्चों को कंचा-गोली खेलते देखती।
उसके घर के सामने हुए बिना
हम अपने घरों से
कहीं नहीं जा सकते थे
गली का मुहाना
उसके घर के पास था।
एक दिन देहरी पर वह नहीं दिखी
बीमार होकर अन्दर खटिया पर पड़ी रही।
अब उसकी नातिन देहरी पर बैठ जाती
और हमारे खेल देखती
हम उसके साथ भी नहीं खेलते थे।
एक दिन गेंद खेल रहे थे
गेंद उसके घर चली गई
गेंद के मोह से हम सब
उसके घर चले गये
और साथ खेलने लगे।
टोना गेंद में था।

बिलासपुर के पास अचानक मार का जंगल

बिलासपुर के पास अचानक मार का जंगल है
शहरी आदत से अचानक मार हो गया
जंगल में आदिवासी बैगा की
एक झोपड़ी दिखी
गाँव में केवल एक झोपड़ी
एक गाँव की एक झोपड़ी का गाँव
झोपड़ी की मिट्टी की दीवाल पर
छुही मिट्टी और गेरू से पेड़ बने हैं
कि जंगल में कम हैं
दीवाल पर पक्षी भी बने हैं
जंगल में कम होंगे
अन्दर की दीवाल पर
शेर का चित्र है
कि जंगल में अब एक भी नहीं।
दरवाजे की चौखट के पास
झोपड़ी का चित्र है
एक पड़ोस का चित्र
कि यहाँ एक भी पड़ोसी नहीं–
अचानक मार से
अचानक मर गया जंगल
और बिलासपुर शहर में रोजी-रोटी के लिए
बैगा लोगों का मुहल्ला बस गया।

वैसे सामने की कुर्सियाँ

वैसे सामने की कुर्सियाँ
हटा देनी चाहिये
जो बड़े लोगों के
बैठने के लिए होती हैं

यदि सामने की कुर्सियाँ हटा दी गईं
तो बाद की कुर्सियाँ सामने हो जायेंगी
परन्तु उसमें पीछे बैठने वाले ही बैठें
और पीछे बैठने वालों की भीड़ हो
वह एक अच्छी जगह!
वहीं पीछे बैठना
अच्छा लगेगा।

अन्तरात्मा को देखने के लिए

अन्तरात्मा को देखने के लिए
हटाने की जरूरत नहीं होती
रंग का परदा
बल्कि एक रंग लगाने की जरूरत होती है–
हल्का सा
छोटा पीला
या बड़ा नीला।

जब मैं अपने को नहीं पा सका तो रँगा गया
रंगों में मैं खो सकता हूँ
और अन्तरात्मा को पा सकता हूँ।

मैं ऐसे फीके रंग का भी हिमायती हूँ
जिस पर समय की मार पड़ी है
जिसके फीके होते जाने का रंग अदृश्य तक होता है
और मैं यह मानता हूँ
कि एक ताजा रंग फूल की तरह
एक अदृश्य के साथ खिला होता है।

बात राजधानी और हबीब तनवीर की

बात राजधानी और हबीब तनवीर की
दिल्ली को छोड़ा तो भोपाल गये
आदतन उनके पीछे
छत्तीसगढ़ भोपाल गया
उनके इस छत्तीसगढ़ का
कोई अलग प्रान्त नहीं बना था
और न रायपुर राजधानी
एक संसार बना हो
जहाँ दर्शक होने की नागरिकता में
पासपोर्ट के बदले नाटक की टिकिट हो
और जिनको टिकिट नहीं मिली
उन सबने छत्तीसगढ़ी में नाटकीयता से कहा हो–
कि नाचा ह संसार हवे
जेखर मैं संसारी
नाटक के टिकिस नइ मिलिस तो
मैं हो गेंव बैरागी।

जब हबीब तनवीर
तीन दिन के लिए
अपने घर रायपुर छोटापारा आये
तो तीन दिन के लिए
छत्तीसगढ़ भी रायपुर आया

सड़क पर देखते ही मैं चिल्लाया–
कतेक दिन बाद दिखे हस।

मैं तो दर्शक हूँ
पूरे परिवार के साथ दर्शक
सभी प्रत्येक दर्शक
कि छत्तीसगढ़ की जनसंख्या
दर्शक जनसंख्या है।

ऐसे में मेरे जैसा मैं
एक कविता लिखने वाला
राजनीति, भूगोल, इतिहास में कमजोर
मुझसे कोई छत्तीसगढ़ की राजधानी का नाम पूछेगा
तो मैं भोपाल, म.प्र. कह दूँगा
और अनुत्तीर्ण रहूँगा
कविता में प्राथमिक
कभी हो नहीं सकूँगा।

अँधेरा एक रंग रहा होगा

अँधेरा एक रंग रहा होगा
स्याह!
मैंने सफेद से कहा।

एक लकीर की प्रागैतिहासिकता में
जो प्राकृतिक था रंग गेरुआ
वह हिरण, वनभैंसा
वही गेरुआ भाग रहा
वह हरा उड़ा झुंड के झुंड
और वही रंग रंगीन।

तब के रंगों की भीड़ में
एक दिन अभी
एक चित्र-मित्र के साथ
दिखा एक शब्द मित्र सा मैं
'कितने दिनों के बाद मिले'
मैंने रंगीन से कहा।

चार पाँच साल से

चार पाँच साल से
चश्मा बदलवाना बचा है
दृष्टि की उम्मीद बची है
कि दूरी साफ हो
सब पास हो
समीप को देख सकूँ
हाथ भर की दूरी
बर्दाश्त नहीं
हाथ भर की दूरी
एक अँधेरा आकाश है
कुछ भी नहीं दिख रहा है
क्या! कोई तारा है!
और समीप आओ ताकि पहचान सकूँ
अरुन्धती!

यह एक वाक्य में है

यह एक वाक्य में है
कि धूप की छाया की नक्काशी
के पेड़ की छाया में
मैं खड़ा हुआ
सुस्ताया था में
दिनचर्या की नक्काशी थी
कि पूरा दिन काम का
पड़ा हुआ अब भी
जब तक रात हो गई के
तरह-तरह के अँधेरे में
मैं दिन भर काम खतम कर
एक जगह अपने जैसा अँधेरा देख
अपनी दिया बत्ती जलाता हूँ—
का यह मेरा घर, पड़ोस, मुहल्ला
यहाँ अपने हल्ले में अपनों का हल्ला।

कुछ-कुछ याद करते

कुछ-कुछ याद करते
जीवन रोज बीतता रहा
सब भुला नहीं सका
जो याद रहता है
उसी से कुछ भुला देता हूँ
जो भुला देता हूँ
उसमें से याद कर लेता हूँ
और अपने होने को
काम की तरह सोचता हूँ
सोमवार से इतवार तक
एक तारीख से इकतीस तारीख तक
अगर बत्तीस होगी तो भी।

कविता जान-बूझकर लिखता हूँ

कविता जान-बूझकर लिखता हूँ
जान-बूझकर कौन सी कविता
यह अन्त तक पता नहीं होता
यानी शुरू से
परन्तु एक स्थिति में कविता
स्वयं होने के लिए आपसे
सहयोग करने लगती है
यानी अन्त तक
यद्यपि कविता का अन्त नहीं होता।

कहीं भी होऊँ

कहीं भी होऊँ
पर यदि कोई मुझसे पूछे 'कहाँ हो?'
तो कहूँगा 'यहाँ हूँ'
बल्कि यहाँ के अलावा कहीं नहीं
पर मेरा यहाँ होना
और कहीं होना
खो चुका है
किसी को पता नहीं
पर हमेशा एक होने वाली कविता को मालूम है
कि मैं यहाँ हूँ
कविता से मैं खोता नहीं।

कविता लिखते समय

कविता लिखते समय
मेरा ध्यान दुनियादारी में रहता है।

लिखते समय
कोई घर का बन्द दरवाजा
खटखटाता है
तो मैं सुन लेता हूँ
और दरवाजा खोलता हूँ।

यह सच है
तब कोई आया होता है
भले किसी का पता पूछने
उसे मेरा ही घर आसान लगा हो
और उसने मेरा दरवाजा खटखटाया।

यह भी सच है कि
अपना दरवाजा खोलने पर
कविता इसी सजगता में आती है
और पता बताने पर
वह मेरा ही पता होता है।

कहने को बहुत रहा

कहने को बहुत रहा
इतने बरस
कि अभी भी कहने को
कहने को मेरा पुकारना
पुकारना कहने को।

सुनने नहीं
चले जाने आया
आया नहीं जैसे।

जाना याद है
अभी गया
अभी भी चला जा रहा जैसे।

सब कहना
उसके पीछे चला गया
पुकारना रह गया
यहीं दहलीज पर।

कौन है?

कौन है?
पूछ कर मैं हतप्रभ हूँ
कोई नहीं है—यह मैं ही उत्तर देता हूँ

मैं और मैं दोनों बात करते हैं
कि उम्र के समय को काट लूँ
आज, कल, आजकल काट लूँ
देर तक बात करते हैं
कि आज दिन कौन सा है?

आज दिन कौन सा है
बीत जाता है।

❑❑❑